BEI GRIN MACHT SICH IHR
WISSEN BEZAHLT

- Wir veröffentlichen Ihre Hausarbeit,
  Bachelor- und Masterarbeit

- Ihr eigenes eBook und Buch -
  weltweit in allen wichtigen Shops

- Verdienen Sie an jedem Verkauf

Jetzt bei www.GRIN.com hochladen
und kostenlos publizieren

Bibliografische Information der Deutschen Nationalbibliothek:

Die Deutsche Bibliothek verzeichnet diese Publikation in der Deutschen National-
bibliografie; detaillierte bibliografische Daten sind im Internet über http://dnb.d-
nb.de/ abrufbar.

Impressum:

Copyright © 2014 GRIN Verlag
Druck und Bindung: Books on Demand GmbH, Norderstedt Germany
ISBN: 9783668465138

Stefan Weirauch

Geschäftsprozessmodellierung mit BPMN

GRIN Verlag

GRIN - Your knowledge has value

Der GRIN Verlag publiziert seit 1998 wissenschaftliche Arbeiten von Studenten, Hochschullehrern und anderen Akademikern als eBook und gedrucktes Buch. Die Verlagswebsite www.grin.com ist die ideale Plattform zur Veröffentlichung von Hausarbeiten, Abschlussarbeiten, wissenschaftlichen Aufsätzen, Dissertationen und Fachbüchern.

Besuchen Sie uns im Internet:

http://www.grin.com/

http://www.facebook.com/grincom

http://www.twitter.com/grin_com

Geschäftsprozessmodellierung mit BPMN

Gliederung

- Was ist BPMN
- Geschichte des BPMN
- Warum BPMN
- Diagrammtypen
- Modellierungselemente
- Events und Gateways
- Signavio
- Übung

Was ist BPMN

- Business Process Modeling Notation
- Grafischer Standard zur Modellierung von Geschäftsprozessen
- sowohl für technischen als auch geschäftlichen Nutzen

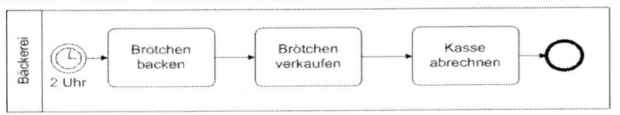

- Ziel:
  - Standardnotation zur Verfügung stellen
  - Leicht verständlich für alle Beteiligten

Geschichte des BPMN

2001:   Entwicklung
                   Stephan A. White

2004:   Veröffentlichung
                   Business Process Management Initiative

2006:   OMG-Standard
                   Object Management Group

2011:   BPMN 2.0
                   Object Management Group

Warum BPMN

- Übersichtliche Prozessmodellierung nach Prozessbeteiligten
- Modelle sind leicht verständlich für alle Beteiligten eines Prozesses
- Optimale Verbindung zwischen Business und IT

- Über 50 BPMN Tools

Diagrammtypen

BPMN definiert 4 Diagrammtypen:

- Prozessdiagramm
- Choreographiediagramm
- Kollaborationsdiagramm
- Konversationsdiagramm

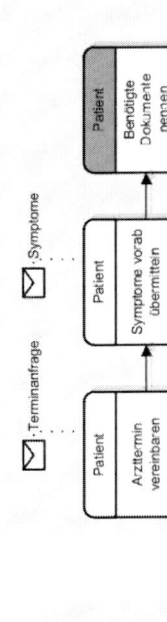

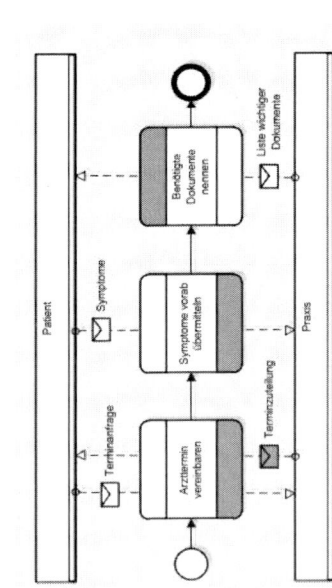

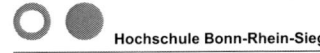
Modellierungselemente

Task

Modelliert eine Aktivität innerhalb eines Prozesses

Sub Task

In sich abgeschlossener Unterprozess

Sequence Flow

definiert die Ausführungsreihenfolge von Tasks

Message Flow

Verrichtungen durch Nachrichtentransport

 **Pool**

Stellt einen Prozessbeteiligten dar

 Lane

Führende Rolle innerhalb eines Pools

> Zwischen Pools dürfen in BPMN 2.0 keine Sequence Flows modelliert werden.
>
> Es müssen Message Flows fließen.

Modellierungselemente Gateway/Event

Gateway

Aufspaltung und Zusammenführung des Kontrollfluss

Start Event

Ereignis zu Beginn des Prozessflusses

Intermediate Event

Ereignis während des Prozesses

End Event

Markiert das Ende eines Prozesses

Events und Gateways

Events

	Start	Intermediate	End

Event Types

Message	✉	✉	✉
Timer	🕐	🕐	
Error	Ⓝ	Ⓝ	
Cancel	⊗	⊗	
Compensation	⏪	⏪	
Rule	🗏	🗏	
Link	➡	➡	➡
Terminate			◉
Multiple	✸	✸	✸

Gateways

Exclusive Decision/Merge (XOR)	
Data-Based	◇ or ⟨X⟩
Event-Based	✸
Inclusive Decision/Merge (OR)	○
Complex Decision/Merge	✳
Parallel Fork/Join (AND)	✚

SIGNAVIO

- bietet die Möglichkeit Prozessdiagramme zu erstellen
- Komplexe Diagramme
- Kommentarfunktion
- Diagramme auf Fehler überprüfen

https://editor.signavio.com/p/login

Übung

Ein Kunde möchte Ware geliefert bekommen und stellt eine
Anfrage an einen Lieferanten.
Der Lieferant bewertet die Anfrage und akzeptiert oder lehnt
sie ab. Akzeptiert der Lieferant, so wird dem Kunden ein
Angebot unterbreitet welches dieser wiederum annehmen oder
ablehnen kann.
Der Kunde hat eine Frist von 7 Tagen um das Angebot zu
akzeptieren ansonsten verfällt es. Akzeptiert der Kunde das
Angebot so schickt er eine Auftragsbestätigung an den
Lieferanten und die Ware wird wenig später an den Kunden
geliefert

Quellen

BPMN 2.0 - Business Process Model and Notation: Einführung in
den Standard für die Geschäftsprozessmodellierung

http://www.bpmn-tool.com/tutorial/

http://www.itransparent.de/sites/default/files/BPMN_2_0_Tutorial_B
usiness_Process_Modeling_Notation_Deutsch.pdf

http://www.walter-
abel.at/Deutsch/Dokumente/Whitepaper%20Prozesse%20in%2
0BPMN%202.0.pdf

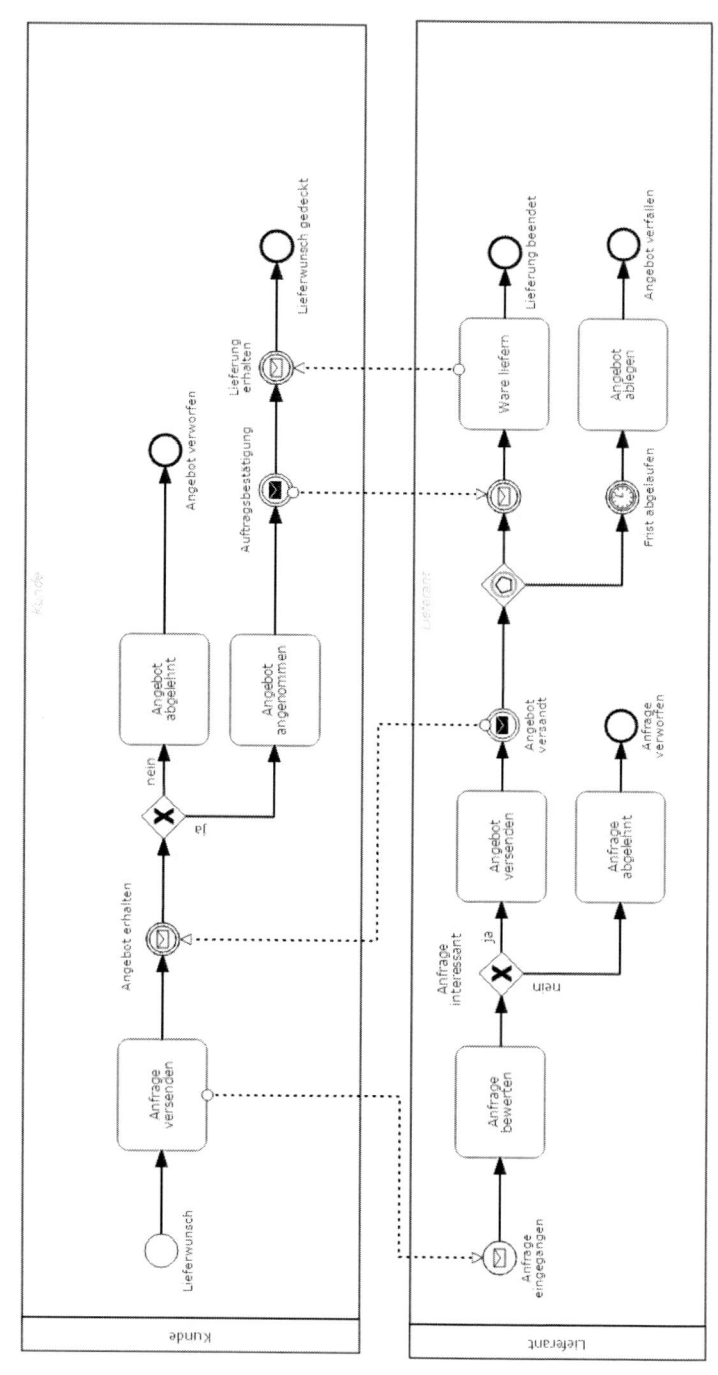

Lösung

BEI GRIN MACHT SICH IHR WISSEN BEZAHLT

- Wir veröffentlichen Ihre Hausarbeit,
  Bachelor- und Masterarbeit

- Ihr eigenes eBook und Buch -
  weltweit in allen wichtigen Shops

- Verdienen Sie an jedem Verkauf

Jetzt bei www.GRIN.com hochladen
und kostenlos publizieren